CHANTS DE FRANCE

ALBUM POÉTIQUE

DÉDIÉ

A LA FAMILLE ROYALE D'ORLÉANS

PAR

J. F. L. TRONCHE

PARIS.

—

1848.

CHANTS DE FRANCE

ALBUM POÉTIQUE

DÉDIÉ

A LA FAMILLE ROYALE D'ORLÉANS.

CHANTS DE FRANCE

ALBUM POÉTIQUE

DÉDIÉ

A LA FAMILLE ROYALE D'ORLÉANS,

PAR

J. F. L. TRONCHE.

PARIS

1848.

A TRAVERS FRANCE.

A Leurs Altesses Royales Monseigneur le Duc et Madame la Duchesse

DE NEMOURS.

A TRAVERS FRANCE.

A Leurs Altesses Royales Monseigneur le Duc et Madame la Duchesse

DE NEMOURS.

Libourne, Août 1845.

Revêts tes habits de fête,
O cité ; — de tes maisons
Qu'on illumine le faîte,
Qu'on pavoise les balcons ;
D'une demeure royale
Préparons les frais abris ;
Que reliefs, astragale,
Se détachent des lambris ;
Du plafond que mille lustres
Versent leurs feux les plus purs ;
Incrustons d'or les balustres :
De deux voyageurs illustres
Le cortége entre en nos murs.

Pour célébrer leur venue,
Déjà, du sol à la nue,
Grondent les canons d'airain ;
Les carillons retentissent,

Et, dans leur ivresse, unissent
Au tonnerre leur refrain.

Pour tenir lieu de portique,
Au pavé de mosaïque,
Aux colonnes de cristal,
Enlaçons lauriers, armure,
De faisceaux et de verdure
Formons un arc triomphal.
Sous cet héroïque ombrage
Allons leur offrir l'hommage
De nos vœux et de nos cœurs;
Jonchons le pavé de rose;
Qu'à défaut du porphyre, au moins, leur pied se pose
Sur d'odorans tapis de fleurs.

Vivat, vivat, vivat! le cortége s'avance
A travers d'ondoyans chemins:
Roulez, tambours; saluons leur présence
Par de longs battemens de mains.
Les voilà, beaux tous deux, tous deux d'illustre race;
La jeunesse, unie à la grâce,
Leur prête un charme séduisant;
Dans leurs yeux attendris la bonté se fait lire,
Et, plein de respect, on admire,
Sur leurs traits se réfléchissant,
La noblesse de l'âme avec celle du sang.

Les voilà! qu'à leur char on s'attache, on se presse:
Prince, salut à vous! — salut à vous, Princesse,

Dont un bon ange, un jour, saisit la blanche main,
Et qui, suivant votre astre en son brillant chemin,
De la blonde Allemagne où vous prîtes naissance,
Vîntes vous réchauffer au beau soleil de France.
Inspirez à vos fils vos nobles sentimens,
Qu'ils aiment leur pays, le peuple, la sagesse,
Et nous confondrons, nous, dans la même tendresse
La mère et les enfans.

Des vertus du grand Roi que Dieu fit votre père,
Vous, Prince, digne imitateur,
Le pauvre en vous voyant rêve un sort plus prospère,
L'instinct du cœur lui dit: «Voilà ton protecteur!»
Vous avez bien payé votre dette à l'Afrique,
Anvers vous vit jadis gagner vos éperons;
Aujourd'hui vous songez à la chose publique,
NEMOURS, en vous nous espérons.

Quelle mission sainte est dévolue aux princes!
Aller, bénis de tous, à travers les provinces,
Interrogeant les maux, cherchant à les guérir!
On grandit dans la paix comme au sein des alarmes;
Vous avez fait assez pour la gloire des armes:
Réservez-vous pour l'avenir.

Dans les champs calcinés lorsque la sécheresse
Promène son souffle brûlant;
Quand la source tarit, que le bœuf, à pas lent,
Jusqu'au torrent guidé par la soif qui l'oppresse,

Cherche en vain un peu d'eau pour y baigner son flanc ;
Quand la fleur près d'éclore, au bord de la prairie,
Sous le soleil jaunit et meurt,
Et que l'herbe en naissant se tord déjà flétrie ;
Pour détourner le fléau destructeur,
L'Église a recours aux prières ;
Et puis, déployant ses bannières,
Par les côteaux, par les vallons,
Elle va, dans sa foi puissante,
Implorant l'onde bienfaisante
Qui doit féconder les sillons.

On dit qu'en s'avançant à travers les vallées,
Du haut de son antique croix,
Le Christ, touché du deuil des plaines désolées,
Aux voix des mortels joint sa voix.
Soudain la céleste colère,
Aux sons de ces accords touchans,
S'apaise, et l'onde salutaire
En tombant abreuve les champs

Ah ! si vous n'avez pas la divine influence,
Qui sur un sol flétri ramène l'abondance,
Les peuples des cités où vous portez vos pas,
En mêlant leurs transports aux pompes de vos fêtes,
Pourront se dire, au moins : « Ne désespérons pas,
Le trône veille, et nous aurons là-bas
Pour notre cause, un jour, d'éloquens interprètes ! »

LE CAMP DE LA GIRONDE.

A Son Altesse Royale

MONSEIGNEUR LE DUC D'AUMALE.

LE CAMP DE LA GIRONDE.

A Son Altesse Royale

MONSEIGNEUR LE DUC D'AUMALE.

Bordeaux, Août 1845.

D'où partent ces clameurs? Quels sont ces bruits de guerre?
Pourquoi tous ces fourgons, ces hommes, ces chevaux?
Ces bronzes où dort le tonnerre,
Et ces tambours, et ces drapeaux?

Voici des fantassins les vivantes murailles,
Les fiers dragons deux fois soldats dans les batailles;
Les lanciers, les hussards, aux fougueux escadrons,
Qui volent, l'arme au poing et couchés sur leurs selles,
Comme un essaim d'aiglons battant l'air de leurs ailes;
Plus loin les artilleurs, traînant les lourds canons,
S'avancent en traçant de lumineux sillons...

2

Où vont ces vaillantes cohortes ?
Quel danger nous menace ? Assiége-t-on nos portes ?
De tant de bruits confus les échos sont troublés :
Le vieux Maure accourt-il de la rive lointaine ?
Sommes-nous revenus au temps où l'Aquitaine
Subissait le joug des Anglais ?

Non, non ! jamais la paix ne fut plus florissante :
Cette armée aux longs flots, qui semble menaçante.
Va, pour des carrousels, se déployer demain ;
Ces canons, ces mortiers, dévorantes machines.
Ne laisseront pas de ruines,
Et vainqueurs et vaincus se donneront la main.

Quel chef doit diriger ces travaux héroïques !
Essais intelligens, manœuvres théoriques,
D'où, pour chaque soldat, l'enseignement ressort ?
Quel chef ? Est-il habile en l'art de la bataille ?
A-t-il le coup-d'œil prompt, le bras puissant qui taille ?
La tête qui médite et lutte avec le sort ?

C'est un Prince du Sang, à la bouillante audace,
Dont la devise dit que « *jamais de sa race*
Personne encor ne recula ! »
Du soleil africain son front porte le hâle :
Il est grand, généreux... saluons ! — C'est d'Aumale !
C'est le héros de la Smahla !

La Smahla ! brillante épopée
Qu'avec la pointe d'une épée
Sur le marbre il faudrait graver.
La toile, en traits heureux, noble exploit, te retrace ;
Mais sous la main du temps tout pâlit ou s'efface ;
Le burin seul sait le braver.

C'est d'Aumale ! Il est là, dans nos murs il pénètre :
Que les vifs sentimens que son nom seul fait naître
Eclatent en mille bravos ;
Qu'à son aspect tout prenne un air riant de fête,
Comme au jour où Paris le vit passer en tête
D'une légion de héros.

Ce jour-là ce n'étaient que têtes découvertes,
Qu'enfans battant des mains parmi les branches vertes,
Qu'espérance et bonheur !... Spectacle solennel !
Soudain, pressant les flancs de sa jument numide,
D'un bond précipité, LUI vient, l'œil tout humide,
Tomber sur le sein maternel.

Prince, vous inspirez ici même allégresse,
Mêmes transports et mêmes vœux ;
Nos cœurs sentent pour vous des élans de tendresse,
Dont les rayonnemens feraient pâlir les feux
De l'astre vif et pur qui brunit nos cheveux !

Venez, déjà le sol, comme un jour de bataille,
En vous sentant marcher d'un noble orgueil tressaille;
Venez, de vos bontés les fécondans effets
Feront germer l'espoir jusqu'aux Landes désertes,
Car dans vos mains toujours ouvertes,
On sait que le malheur peut puiser des bienfaits.

A votre frère aîné, martyr que chacun pleure,
Chêne au tronc vigoureux, qu'un jour, en moins d'une heure,
Le destin foudroyait entre ses rameaux verts...
A votre frère aîné, venu sur notre rive,
Jadis, de vœux ardens, interprète naïve,
Ma muse adressa quelques vers.

Laissez-moi, comme à lui, vous offrir mon hommage,
Humble tribut d'un cœur aimant :
Prince, vous entendrez un plus brillant langage,
Vous ne trouverez pas un plus pur dévoûment.

RETOUR D'ESPAGNE.

A Leurs Altesses Royales Monseigneur le Duc et Madame la Duchesse

DE MONTPENSIER.

RETOUR D'ESPAGNE.

À Leurs Altesses Royales Monseigneur le Duc et Madame la Duchesse

DE MONTPENSIER.

Bordeaux, Novembre 1846.

Tour à tour ils viendront dans notre belle ville :
Bordeaux peut s'appeler *pied à terre* princier!
Hier c'était d'AUMALE, aujourd'hui MONTPENSIER ;
Nous avons vu NEMOURS, et nous verrons JOINVILLE !

Bordeaux ! — heureux tes murs ! heureux tes bords fleuris !
Ton port est l'oasis qu'au pied des Pyrénées
Aimaient à retrouver les têtes couronnées,
Quand Dieu les rappelait de Madrid à Paris...

Et tu te montrais fier de tes beaux privilèges !
Et depuis Charles-Quint allant châtier Gand,
Depuis François Ier jusqu'à Louis-le-Grand,
Tes portes ne s'ouvraient qu'à de royaux cortèges !...

Ces temps sont revenus : — les nobles fils du Roi,
Qui, ceint d'une auréole, en lui personnifie
L'alliance du peuple et de la monarchie,
Passent, et font pleuvoir leurs largesses sur toi.

— Cette fois, des hauteurs des blanches Pyrénées
Descendent deux époux, qui, de la veille unis,
Sous l'égide d'amour de notre beau pays
Viennent en souriant placer leurs destinées.

Pressons-nous sur les pas de ce couple charmant :
Des fleurs sur MONTPENSIER, des fleurs sur sa compagne.
Vive étoile échappée au ciel pur de l'Espagne,
Pour venir scintiller à notre firmament !...

L'un, a déjà foulé de glorieuses scènes :
Son front nubile, empreint du hâle des combats,
Dit assez que l'Afrique a vu son jeune bras
Profiter vaillamment des leçons de Vincennes.

L'autre, candide enfant, n'a jamais parcouru
Que des sentiers ombreux, parfumés d'espérance...
Il manquait une perle au riche écrin de France :
Cessons de la chercher, — FERDINANDE a paru !...

Pendant que l'emportait, hier, un char rapide,
Elle suivait des yeux les clochers qui fuyaient,
Les monts qui dans la brume au couchant se noyaient,
Et rêvait de l'Espagne à l'horizon limpide...

Alors, des profondeurs de son cœur attristé,
Une larme, ô douleur! sans doute la première,
Monta jusqu'aux longs cils de sa brune paupière...
Larme de souvenir pour ce qu'elle a quitté!

Ah! calme tes regrets, noble fleur de Castille!
Si ton soleil est beau, le nôtre est bien plus doux!
Si les enfans du Cid t'adoraient à genoux,
La France, sur son sein, t'adopte pour sa fille!...

Viens, la tendre Rachel qui pleure encor son fils,
Cette Reine au cœur d'or, qu'aucun revers ne lasse,
Dans son sublime amour te réserve la place
Qu'occupaient les objets qui lui furent ravis!...

— Allez, dignes époux, que Dieu vous accompagne
Dans la vie où tous deux vous passez triomphans!
Allez, et qu'il vous donne un jour de beaux enfans,
Fiers comme Montpensier, doux comme sa compagne!

LES CENDRES DE L'EMPEREUR.

A Son Altesse Royale Monseigneur

LE PRINCE DE JOINVILLE.

LES CENDRES DE L'EMPEREUR.

A Son Altesse Royale Monseigneur

LE PRINCE DE JOINVILLE.

Décembre 1840.

Silence ! écoutez, est-ce un rêve ?
N'entendez-vous point cette voix,
Qui, retentissante, s'élève
De l'antique palais des rois ?
« Enfans, là-bas, dit-elle,
» Sur cet aride écueil,
» Plane une ombre immortelle
» Qui demande un cercueil ! »

Debout, héroïques morts,
Mânes que la gloire protège,
Venez grossir le cortége
Qui le ramène sur nos bords :
O vous, ses compagnons, quittez les sombres bords !...

Bricks et frégates, fendez l'onde,
Pavoisés de son vieux drapeau,
Votre étoile est le doigt du monde
Qui vous désigne son tombeau.
A travers la tempête,
Et sous notre regard,
Marchez à la conquête,
Des cendres de César !...

Debout, héroïques morts,
Mânes que la gloire protége,
Venez grossir le cortége
Qui le ramène sur nos bords :
O vous, ses compagnons, quittez les sombres bords !...

Quelque jour, lasse d'être esclave,
Comme un cratère échevelé,
Cette cendre eût lancé sa lave,
Sur l'univers longtemps troublé !...
Mais l'ombre tant chérie,
Qui pardonne aux ingrats,
Ne demande, ô patrie,
Qu'à dormir dans tes bras.

Debout, héroïques morts,
Mânes que la gloire protége,
Venez grossir le cortége
Qui le ramène sur nos bords :
O vous, ses compagnons, quittez les sombres bords !...

Ah ! si le ciel, dans ces parages
Où dorment de perfides mers,
Vomissant sur vous les orages,
Vous sombriez sous les flots amers !...
— De la poupe à la proue,
Chantent les matelots ;
Leur jeune chef se joue
De la foudre et des flots.

Debout, héroïques morts,
Mânes que la gloire protége,
Venez grossir le cortége
Qui le ramène sur nos bords :
O vous, ses compagnons, quittez les sombres bords !...

Gardez-vous de la foi punique !
Enfans, quelque perfide main,
Pour saisir la grande relique,
Pourrait vous barrer le chemin !...
— Mais quels cris de la rive
Parviennent jusqu'à nous ?
— « La Belle-Poule arrive...
A genoux ! à genoux ! »

Venez, héroïques morts,
Mânes que la gloire protége,
Venez grossir le cortége
Qui le ramène sur nos bords :
O vous, ses compagnons, quittez les sombres bords !...

Toi qui rends à la terre ferme,
L'illustre mort que nous pleurions,
La gloire que ce plomb renferme
Laissera sur toi ses rayons !...
JOINVILLE, la patrie,
Emue à ton retour,
Te bénit et s'écrie :
« Reconnaissance, amour ! »

Debout, héroïques morts,
Mânes que la gloire protége,
Venez grossir le cortége
Qui le ramène sur nos bords :
O vous, ses compagnons, quittez les sombres bords !...

VISION.

VISION.

L'Angleterre prit l'aigle et l'Autriche l'aiglon.
V. Hugo.

La nuit s'enveloppait de son écharpe sombre;
Tout dormait : seul, debout sur un roc avancé,
Qui, vers la grande mer, projetait sa grande ombre,
Sourd aux plaintes du flot par les vents balancé,
Je reportais mon âme au loin dans le passé...

D'un orage prochain annonçant la venue,
De lugubres éclairs se croisaient sur mon front;
Et bientôt le tonnerre, en déchirant la nue,
S'élança bondissant dans l'espace profond,
De ses coups répétés ébranlant l'horizon.

Puis au courroux du ciel l'onde unit sa colère:
Vers la nuée en feu montant avec orgueil,
Elle semblait vouloir menacer le tonnerre;
Mais retombant vaincue en son large cercueil,
Honteuse, elle venait expirer sur l'écueil.

La tempête gronda longtemps sur cette plage:
Enfin elle apaisa ses terribles concerts...

Le vent alla mourir dans le dernier nuage,
Et je vis, dominant du ciel les champs déserts,
Un trône radieux suspendu dans les airs.

Trompettes et tambours aussitôt retentirent,
Mêlant dans les échos leurs accens glorieux;
Des chants mystérieux à ces accords s'unirent,
Et, sur ce trône d'or que couronnaient les cieux,
Un héros vint s'asseoir pensif et soucieux ! !...

Sa face étincelait de génie et de gloire,
Sa main sur son grand cœur le tenait maîtrisé ;
Son glaive rayonnant portait écrit : « *Victoire !* »
Un aigle à l'œil de flamme, au front cicatrisé,
A ses pieds reposait près d'un sceptre brisé ! !...

Derrière lui rangés, debout, la tête nue,
Des braves du Kremlin, des héros de Memphis
Ecoutaient, frémissans, cette voix bien connue,
Qui, lançant aux destins ses suprêmes défis,
S'écriait : « Rendez moi ma couronne et mon fils !.... »

L'écho dans le lointain répéta : « Fils... couronne... »
Et, tandis qu'une étoile abandonnait les cieux,
Du bout de l'horizon s'élança vers le trône
Un jeune adolescent, frêle, blond, gracieux,
Mais le front haut et fier, et l'œil audacieux.

— « Me voilà, gloire à tous ! salut à vous, mon père !
» Un fils à vos côtés vient réclamer son rang !...

» Les peuples m'ont donné cette palme guerrière
» Pour que j'en vînsse orner le front du conquérant !
» Le sort vous la ravit, le monde vous la rend ! ! ! »

— « Mon fils ! » — Et tous les deux confondent leur tendresse,
Leur joie et leurs baisers, leurs transports et leurs pleurs ;
Et l'aigle impérial tout haletant se dresse,
Et l'étendard proscrit déroule ses couleurs,
Et les guerriers émus se croient encor vainqueurs ! !

— « Et la France ? » — « La France invoquait votre gloire ;
» Moi je voulais armer mon bras pour la servir ;
» Car j'aimais les combats, les grands cris de victoire ;
» Comme vous, le canon me faisait tressaillir ;
» Mais comme à vous aussi l'on m'a dit de mourir ! ! ! »

Alors on murmura quelque grave prière....
Et j'entendis les mots de patrie et d'amour ;
Puis le ciel s'entr'ouvrit, et la troupe guerrière
S'éleva lentement vers l'immortel séjour,
Aux sublimes accords des voix et du tambour.

Et moi je crus longtemps voir le sombre visage
Q'un éclair de bonheur au ciel épanouit...
Hélas ! ma vision passa comme un nuage,
Qui devant l'aquilon rapidement s'enfuit,
Aux premiers feux du jour elle s'évanouit ! !..

LA

VIVANDIÈRE DE WATERLOO.

LA VIVANDIÈRE DE WATERLOO.

Voyez-la, tremblante, cassée,
Avancer d'un pas indécis ;
Sur sa face terne et plissée
Tombent quelques cheveux blanchis.
Voyez, ses yeux brillent encore
D'un éclat vif et pénétrant,
Son geste est bref, sa voix sonore,
Et sa mémoire vous surprend.
Parlez-lui de nos temps de gloire,
De nos règnes de sang ou de nos âges d'or,
Du pauvre roi martyr ou du héros qui dort...
Elle sait toute notre histoire.
— Mais chut! sa lèvre tremble... elle parle... écoutons.

« Enfans, je suis bien vieille, hélas! bien surannée ;
Mon corps est amaigri, mon pied marche à tâtons ;
La rose a vu sa fleur par le temps moissonnée,
Et le vent du destin a flétri ses boutons.
Pourtant, je savais plaire ainsi que vos coquettes,
Au temps où des Français partageant les conquêtes,
Le baril sur le dos, un bâton à la main,
Par mes couplets joyeux j'égayais le chemin.

Tous aimaient, tous vantaient la belle vivandière ;
Et l'Empereur lui-même, en passant quelquefois
Sous des nuages de poussière,
Ralentissait sa course, et frappait de ses doigts
Ma joue, alors d'orgueil pâle et rouge à la fois.

Mais un jour a suffi, jour de deuil et de larmes,
Pour blanchir mes cheveux et détruire mes charmes...
Waterloo, Waterloo, ton odieux affront
Comme un fer a creusé des rides à mon front !...

J'ai vu, ce jour, j'ai vu la campagne où nous sommes
Couverte de débris d'armes et de corps d'hommes ;
J'ai vu comme un torrent du noble sang couler,
Et des crânes humains dans ses flots noirs rouler...
Et ces corps, et ce sang, et ces crânes livides
Que foulaient des vainqueurs avides,
C'était la France, hélas ! qui venait de crouler !...

Quelle victoire, ô Dieu ! vingt nations contre une !...
Trahis par leurs enfans, trahis par la fortune,
Ils devaient succomber, mais ce fut en héros !...

Etonné d'exploits si nouveaux,
L'ennemi, fatigué du poids de son épée,
Qu'un plus généreux sang n'avait jamais trempée,
L'abandonna pour le repos.

Ombre et silence alors tout tombe
Sur ce lamentable hécatombe !!!.

Mais quand l'aube éclairant de son douteux flambeau
Les horreurs que la nuit couvrait de son manteau,
Ils soulevèrent leurs paupières,
Que de cris de fureur poussèrent, éperdus,
Ces *braves*, en voyant sur le sol étendus
Près d'un Français vingt de leurs frères!...

Alors, de leurs bras nus, sans pudeur, sans remords,
Ils creusèrent le sol pour y coucher leurs morts
Et leur bâtir des mausolées...
Nos preux, on les poussa du pied honteusement,
Mais quand la vanité voulut un monument,
On rassembla leurs cendres isolées
Pour en faire le fondement.

Et chacun s'écartait de ce grand ossuaire,
Près de ce panthéon nul n'osait demeurer;
Alors, cyprès vivant, dans ce champ funéraire
Je vins m'implanter pour pleurer!...

Lorsque le ciel est sombre et sa voûte sans astres,
Mon cœur aime à gémir sur ces sanglans désastres...
J'appelle nos héros, mais nul ne me répond,
Ils dorment sous le sol d'un sommeil trop profond!...

— Un jour, pourtant, un jour que grondait la tempête,
Et que les élémens se heurtaient sur ma tête,
J'entendis un grand bruit d'armes, de voix, de pas;
Puis l'appel des tambours, les sons de la trompette,
Fracas tumultueux comme dans les combats...

J'écoutai dans mon cœur, émue, épouvantée,
Quand, au bruit du canon qui se mit à tonner,
Le monument trembla sur sa base agitée,
Comme si des Français la dépouille irritée
Eût voulu le déraciner !...

Plan! plan! plan! plan! plan! plan! aux armes! guerre! guerre!
Courage, bataillons, soldats, serrez vos rangs,
L'Europe est contre nous, l'Europe tout entière...
Mais qu'importe! était-il un seul coin de la terre
Où nous n'entrions en conquérans?...

— Quelle est donc cette voix qui traverse l'espace
Comme un bruit d'ouragan qui mugit et qui passe?...
Dieu ! je la reconnais, je l'entendis souvent
C'est elle... écoutons en silence.

— Lanciers, en avant ! en avant !
Là-bas la victoire balance :
Que chacun de vous qui s'élance
Plus prompt que l'éclair et le vent,
La saisisse au bout de sa lance !...

Penchés sur leurs coursiers,
Les rapides lanciers,
Tenant au poing leur arme nue,
Tombent sur les lourds bataillons,
Heurtent et fendent leurs sillons
Comme la foudre fend la nue !...

Et l'imposante voix de retentir encor :
— Cuirassiers de Milhaud, Gérard, ma jeune garde,
En avant! en avant! l'Empereur vous regarde!...
Et tous de s'élancer dans un brûlant essor...

Mais quel est ce guerrier, dont la sombre énergie
Entraîne ses soldats toujours sous le canon?
Toujours les pieds dans la fange rougie?
Recherche-t-il la mort? Pourquoi? Quel est son nom?

Du Nord les peuplades esclaves
Ont pu le lire aux murs où sa main le grava :
Le canon de la Moskowa
L'a baptisé *Brave des Braves!*

— Arrête, arrête, ami, ton bras partout vainqueur
Ne saurait détourner l'implacable mitraille;
Aujourd'hui, tu le vois, il faut à la bataille
Plus de tête, hélas! que de cœur!...

Arrête! il n'entend pas... — Dites-donc au cratère
De comprimer sa lave, arrêtez le tonnerre!...
Il n'entend pas, il vole, et, frappé de stupeur,
L'ennemi qu'atteint sa colère
Croit voir surgir l'ange exterminateur!

Mais un éclair perfide a sillonné sa tête :
De mitraille et de feux une horrible tempête
Tombe, éclate, s'étend, frappe et renverse tout...

Sur le sol limoneux le sang ruisselle et bout ;
Et de tous ses soldats terrassés par la foudre,
Dans un noir nuage de poudre,
Le héros seul reste debout !...

Que de sang ! que de morts ! mais quels nobles prodiges !
Voyez tomber héros tous ces soldats d'un an...
De tant d'arbustes verts si l'on fauche les tiges,
Les chênes sont debout défiant l'ouragan !

— Victoire à nous ! la France est toujours grande !
De l'ennemi les nombreux escadrons,
Sourds à la voix du chef qui les commande,
N'espérant qu'en leurs éperons,
Gagnent déjà Bruxelles-la-flamande...
Encore un pas, soldats, et nous vaincrons.

Eh quoi ! vous hésitez à saisir la victoire,
Lorsque du haut des cieux elle vous tend la main ?
De vos succès passés perdez-vous la mémoire ?
N'êtes-vous plus, amis, les bataillons d'airain ?...
— Mais celui que j'attends ne vient donc pas ? qu'il tarde !
Dieu ! là-bas, ce point noir... Ah ! sans doute les siens ?...
Voilà bien nos drapeaux et la vieille cocarde,
Les uniformes bleus de sa brave avant-garde...
C'est lui !... — Non, ce sont les Prussiens ! ! !

— Malheur ! tout est perdu ! sauve qui peut ! vengeance !
Trahison ! trahison ! — Soldats, pourquoi donc fuir ?

Si leur nombre est doublé, redoublons de vaillance !
    — Cris superflus ! vaine espérance !
    Il est trop tard... il faut périr !...

C'est bien là Waterloo, c'est la grande bataille
Où le bras de la mort dans nos rangs taille et taille...
C'est le désordre mis au sein de nos soldats...
C'est notre gloire en deuil qui tombe au cœur frappée,
C'est notre aigle immolé sur l'héroïque épée,
C'est la garde *qui meurt et qui ne se rend pas !*

— Ah ! je croyais revoir la fatale journée
Où l'éclatant reflet de notre destinée
    Se voila d'un sombre bandeau...
Mais ce que j'avais pris pour le bruit du tonnerre,
Les armes, les coursiers, les cris rauques de guerre...
C'était la fièvre, enfans, qui brûlait mon cerveau !... »

MAZAGRAN.

MAZAGRAN.

Mars 1840.

De l'honneur du pays sentinelle perdue,
Un poste de Français, sur une cime ardue,
Défendant son jeune étendard;

De leurs bataillons noirs envahissant la plaine,
Quinze mille guerriers de la plage africaine
Faisant le siége du rempart;

En haut, pas d'aliment ; mais du plomb, de la poudre,
Assez pour composer la foudre
Qui doit écraser et punir ;

Décimé par la fusillade,
L'Arabe se ruant sans cesse à l'escalade
Pour y blasphémer et mourir ;

Enfin, battu, brisé, détruit par la mitraille,
L'ennemi balayé de l'ardente muraille,
Comme un long tourbillon qu'emporte l'ouragan ;
La France qui triomphe, — et c'est là Mazagran !...

Trois jours avait duré cette lutte inégale,
Lutte miraculeuse et qui n'eut pas d'égale...
Trois jours durant lesquels le feu, le plomb, le fer
Ebranlèrent si fort son rude stoïcisme,
Que l'Arabe, troublé, dans son vieux fanatisme,
Crut avoir combattu l'enfer ! !

Enfin, las de braver une mort sans noblesse,
D'envoyer pour pâture à l'infernale ogresse
L'élite de son peuple brun,
L'ennemi s'arrêta, se compta sous la tente...
Lugubre appel, terrible attente !...
Ils ne sont plus que CENT CONTRE UN ! ! !

Malheur ! — Un appel de trompette
Au conseil les fait accourir,
Et, sur l'étendard du prophète,
Tous jurent de vaincre ou mourir.

Alors, dans Mazagran, le sifflement des balles,
La voix des lourds canons, le cliquetis du fer
Apaisaient par degrés leur terrible concert ;
Et l'on n'entendit plus bientôt, par intervalles,
Que le hennissement des numides cavales,
Qui d'ennui piaffaient au désert !

Il est temps : — des Bédouins la vague soulevée
Gronde, roule, s'étend sur le mur de granit
Comme le serpent vers le nid
Où l'aigle a posé sa couvée !...

Victoire ! leur pied touche au sommet de la tour !...
Gloire au Croissant ! Allah ! crie une armée entière.
Rien ne répond que l'écho d'alentour...
C'est le cri rauque du vautour
Qui plane sur un cimetière ! !

Rien ne répond, la mort a passé là...
Seul, le drapeau français que le plomb mutila,
Secouant les lambeaux qui pendent à sa tête,
Paraît encor debout défiant la tempête ! ! !

L'Arabe l'aperçoit, et, rugissant d'ardeur :
« Courons, il est à nous, Mahomet nous protége ! »
Il s'élance, il arrive... O crime ! et sans pudeur,
Il va le profaner de sa main sacrilége...

Tout à coup, un cri part,
Et, le long du rempart,
Comme un seul, rapides, pressées,
Cent vingt ombres se sont dressées.

C'est la mort, c'est la mort qui surgit du tombeau,
Le glaive d'une main et la flamme à la bouche,
Heurtant, fauchant, brisant tout profane qui touche
A la hampe de son drapeau !...

Les voilà, ce sont eux... O France ! quel spectacle !
Cent vingt de tes enfans debout,
Culbutant une armée ainsi qu'un vain obstacle !

C'est, deux mille ans plus tard, le saisissant miracle
Du Dieu qui, sous son pied, dompte la mer qui bout ! !

Ah ! sans doute, brave Lelièvre,
Pour faire à tes soldats tenter un tel effort,
Tu leur inoculas cette héroïque fièvre
Qui courait dans ta veine et te rendait si fort !...

L'aspect de l'ennemi, ses pesantes machines
Qui ne laissent que morts et ne font que ruines,
Ce nombre qui toujours grandit,
Animent nos guerriers d'une audace nouvelle :
Plus le péril est grand, plus la victoire est belle !
C'est l'honneur qui le leur a dit.

Aussi, voyez déjà, mutilés, hors d'haleine.
Ces escadrons fuyant dispersés dans la plaine,
Vers le brumeux Atlas ou les déserts d'Oran...
Revers inattendu dont l'Alcoran s'étonne !
Puis, écoutez ces chants que la victoire entonne
Sur la crête de Mazagran !

On dit qu'à ce moment une voix solennelle
Laissa tomber du haut des cieux
Ces mots qu'apporta sous son aile
La brise folle de ces lieux :
« Enfans, nous ne fîmes pas mieux ! »
Puis, d'autres voix, lentes et graves
Comme les sons mourans d'un luth,

Ajoutèrent : « Aux nouveaux braves,
Les héros d'Austerlitz, salut ! »

Si l'aréopage céleste,
Qui consacre l'honneur et flétrit tout affront,
Du sceau de l'héroïsme ainsi marqua leur front .
C'est à nous de faire le reste...

Mais, pour éterniser un si beau souvenir,
C'est peu d'une louange avec peine échauffée :
Il faut à ces héros un glorieux trophée
Qui dise leur victoire aux peuples à venir !...

Dans Paris, au milieu des palais et des dômes,
Géans toujours debout, impassibles fantômes
Qui ne comprennent rien à ses récits guerriers,
La Colonne se lasse à compter ses lauriers...
Pour traverer les temps, sans perdre la mémoire,
Il lui faut un ami qui lui parle de gloire.

Voyez-la, voyez-la, de son front radieux
Dominant la vaste campagne,
Plonger au loin son œil, cherchant une compagne
Pour fraterniser dans les cieux !

France, exauce ses vœux, puise dans l'escarcelle
Où l'obole de la sueur
A l'or des vanités se mêle;
Pétris le dur ciment qui mord la pierre et scelle...
La colonne veut une sœur !

Quelques soldats, grandis par la bataille,
Sous le baptême du canon,
Viennent de lui donner un nom;
A toi de lui faire une taille!...

Couronné du drapeau vainqueur à Mazagran,
Le monument de la victoire
Va se dresser terrible et grand
Sur le théâtre de leur gloire!

Et nos neveux un jour se rediront surpris,
En épelant d'en bas son histoire immortelle :
« La colonne d'Afrique est bien la sœur jumelle
De la colonne de Paris!... »

ECCE HOMO.

ECCE HOMO.

C'était un homme pâle, au regard de prophète,
Dont les cheveux dorés, en glissant de la tête,
Roulaient comme des pleurs sur les lis de son cou ;
Grand roi, son diadème était une auréole,
Sa puissance et son droit une sainte parole
Qui devant lui faisait incliner le genou.

Un peuple d'inspirés se traînait à sa suite,
Pêle-mêle, en haillons, comme une armée en fuite,
Mais forte de son chef et soumise à sa voix.
Lui, sans porter au flanc le pesant cimeterre,
Le jour où de son pied il vint heurter la terre,
Fit trembler la couronne aux fronts hardis des rois.

Sa main, pure du sang qui coule à la bataille,
Comme en un champ fertile où tombe la semaille,
Ne versait en passant que miracles de paix ;
Il ne s'entourait point d'un vain luxe de femme ;
L'hymne de la prière était son oriflamme,
La bure son manteau, les déserts ses palais.

Son règne de trente ans fut une grande guerre
Faite en faveur du pauvre aux puissans de la terre,
Et le monde, ébranlé jusqu'en ses fondemens,
D'un air troublé dressa son orgueilleuse tête,
Surpris qu'un seul mortel, comme un bruit de tempête,
Vînt secouer ainsi son sommeil de mille ans.

Et le monde arrêta cet homme à son passage :
L'astre dont les rayons éclairaient son voyage
S'absorba dans le ciel qui se voila de deuil...
Et lui, joignit ses mains, courba son humble tête;
Et sa mort de martyr fut son seul jour de fête,
Car sa mort arrachait l'univers au cercueil.

Mais quel est donc cet être au merveilleux empire,
Dont la vie est un règne et la mort un martyre,
Qui donne au cœur l'espoir, la lumière à l'esprit,
Qui sur les maux épand un salutaire baume ?...
Cet être, ce guerrier, ce prophète, cet homme,
C'est l'envoyé du ciel, c'est Dieu, c'est Jésus-Christ.

A LA MÉMOIRE

DU CARDINAL DE CHEVERUS

Archevêque de Bordeaux.

A LA MÉMOIRE

DU CARDINAL DE CHEVERUS

Archevêque de Bordeaux.

Bordeaux, Juillet 1836.

D'où vient ce bruit confus de cris et de sanglots?...
Ah! l'on pleure là-bas sur un grand hécatombe...
Le sol, miné, va fuir sous d'implacables flots?...
—Non, mais un homme dort couché dans cette tombe!...

—Cet homme, que fut-il?—Guerrier ou roi puissant?
Au salut du pays consacra-t-il son sang?
Dans ses vastes projets de gloire et de fortune
Songea-t-il quelquefois à la gloire commune?
Illustra-t-il son nom par d'éclatans exploits?
Législateur fameux fit-il de sages lois?

Hélas! son bras toujours fut vierge de fait d'armes;
D'un peuple entier pourtant il était le soutien,
Et, pareil à Titus, ses jours passaient sans charmes,
Quand sa main n'avait pas essuyé quelques larmes,
Quand il n'avait pas fait le bien!

Chaque jour, à sa porte, un livide cortége
De pauvres, souffreteux, implorait ses secours;
Et lui, donnait à tous... et son plus long discours
Etait : « Dieu vous protége! »

Un matin, pour l'aumône ils étaient tous venus :
Femmes, enfans, vieillards,—la tête et les pieds nus.
Mais cette fois l'aumône à s'offrir fut plus lente,
Et la main qui la fit était toute tremblante :
C'était un prêtre âgé, qui, des pleurs dans les yeux,
Laissa tomber ces mots : « Dieu le rappelle aux cieux
« Celui qui dit aux grands : Donnez!—Au pauvre : Espère!
» Enfans, vous n'avez plus de père,
» Son ame en s'envolant vous transmet ses adieux!...»

Et maintenant l'airain dans les airs se lamente;
Le temple s'est couvert de longs voiles de deuil;
Et, le front incliné comme une triste amante,
Tout un peuple suit un cercueil!

Ah! nous te garderons toujours dans la mémoire :
Monte resplendissant au séjour des élus;
Ton nom, modeste Cheverus,
Tes vertus l'auront fait aussi grand que la gloire!...

LE TERTRE DE FRONSAC.

LE TERTRE DE FRONSAC.

Quantùm mutatus ab illo!
VIRG.

Voyez-vous se dresser, calme et froid, dans la nue,
Ce tertre aux flancs creusés, à la tête chenue,
Ce géant au morne regard,
Qui, le front sillonné d'une ride profonde,
Ainsi qu'un Dieu proscrit abaisse vers le monde
Un œil toujours terne et hagard?

C'est Fronsac, c'est le roi déchu de cette rive,
Où de la grande mer incessamment arrive
La Dordogne aux flots murmurans;
Fronsac, vieux monument de gloire et d'infortune,
Qui subit à son tour la fortune commune
Aux empires, aux conquérans.

Au temps des Sarrasins, sur la cîme escarpée
De Fronsac, un grand roi, plantant sa grande épée,
Contint leur flot dévastateur:
On dit qu'en la voyant, l'ennemi sur la grève,
Eperdu, recula, comme devant le glaive
De l'archange exterminateur!

Dès ce jour tu régnas sur toute la campagne,
Colosse, car ton front venait, par Charlemagne,
D'être ceint d'un bandeau ducal;
Les tours et les créneaux couronnèrent ta tête,
Et tu portas mille ans comme un vaillant athlète
Ton vieux sceptre seigneurial.

Mais un homme parut (1), qui, de ce sceptre vierge,
Fit pour ses passe-temps une sanglante verge,
Ardente à châtier le sol;
Implacable vaurien qu'eût enrôlé l'émeute,
Il lançait devant lui, comme une avide meute,
Le rapt, l'incendie et le vol.

Pour faire respecter sa puissance bâtarde,
Il avait, sur ton pic, placé comme avant-garde
Des canons à l'œil menaçant;
Et quand leurs voix hurlaient, manans, bourgeois, pilotes,
Tous venaient, le front bas, infortunés ilotes,
Offrir leur épargne ou leur sang.

Et l'ogre prenait tout, fortunes et victimes,
Et ses instincts brutaux levaient encor des dîmes
Sur l'innocence et la beauté...

(1) HERCULE ARSILEMONT, gouverneur du château de Fronsac. Ce gentilhomme fit peser sur le pays une tyrannie extravagante, brutale, féroce, qui renouvelait les plus mauvais jours des siècles féodaux. Instruit de ses crimes, Louis XIII, à son second passage en Guienne, en 1620, fit arrêter Arsilemont, qui fut jugé par le parlement de Bordeaux, et condamné à mort. Son exécution fut immédiatement suivie de la démolition du château de Fronsac.

Les opprimés tremblans dévoraient leurs outrages ;
Mais le ciel, las enfin, fit gronder ses orages
    Sur le crime et l'impiété.

Dans les mains de Louis, Dieu plaça le tonnerre,
Qui d'un coup foudroya le vautour dans son aire.
    Le peuple, vengé par sa mort,
Etouffa de ses bras ce foyer de rapines,
Et le soir on le vit danser sur les ruines,
    Fronsac, de ton vieux château-fort.

Pourtant on respecta l'allée antique et sombre
Où venaient s'égarer, protégés par son ombre,
    Les poètes et les amans.
Ainsi qu'on laisse aux morts, dans leurs couches funèbres,
Les habits sous lesquels on les connut célèbres,
    Tu conservas tes ornemens.

Mais vint le Vandalisme à l'insultante allure,
Qui de sa faux trancha la belle chevelure
    Dont s'ombrageait ton vaste front ;
Tes berceaux de tilleuls, leur suave mystère,
Sur le marché voisin, d'une honteuse enchère
    Subirent le public affront !

Maintenant tout est mort sur ta cime éternelle :
Bruits d'armures, jurons, cris de la sentinelle,
    T'ont jeté leur dernier adieu.
Tu ne retentis plus des éclats de l'orgie,
Des chants que répétaient, la figure rougie,
    Les compagnons de Richelieu.

Sur ton plateau désert où le soleil ruisselle,
Où l'oiseau cherche en vain un abri pour son aile,
Nul ne gravit que le chevreau.
Le poète rêveur, le peintre, le touriste,
Te regardent d'en bas, et passent l'âme triste,
Comme on passe près d'un tombeau.

L'amour a sans regrets délaissé tes retraites ;
La danse et la chanson, charmantes indiscrètes,
L'entraînent au fond du vallon,
Et tous trois, sans égard pour ta gloire effacée,
S'élancent, confondus dans la même pensée,
Au milieu d'un gai tourbillon.

On a fauché ton front, découronné ta tête :
Comme un vieillard qui pleure à l'aspect d'une fête,
Te voilà sombre, désolé ;
Maître dépossédé d'un domaine fertile,
Comme au milieu des eaux seule et déserte une île,
Géant, tu te vois isolé.

Pour témoigner encor de tes grandeurs passées,
Des pierres à tes flancs demeurent entassées
Sur de vieux rocs estropiés :
Et la Dordogne, en bas, murmurante et plaintive,
Continue à ramper ainsi qu'une captive
Pour venir te baiser les pieds !

L'AME DE MALIBRAN.

L'AME DE MALIBRAN.

Septembre 1836.

Une étoile a couru sur la voûte des cieux
Comme le trait hardi qui rase l'onde unie....
Une âme a dépouillé la robe de la vie,
Et, pareille à l'aiglon, d'un vol audacieux,
S'élève, et va frapper à la porte des Dieux.

— « Votre nom ?—Malibran.— Malibran ? —Oui, c'est elle ?
» La gloire pour venir m'a fait don de son aile,
» Et le monde, incliné sur mon muet cercueil,
» A répandu sur moi les larmes de son deuil
» Pour me baptiser immortelle !...

— » Mais qui vous a valu ce baptême si beau ?
— » Un rayon de vos feux tombé sur mon berceau,
» Qui, fécondant en moi la source du génie
» Où ma voix puisa l'harmonie,
» Vers la célébrité me servit de flambeau...

» J'entrepris sans trembler ce périlleux voyage ;
» Et les peuples charmés s'arrêtaient à ma voix ;
» Et l'on semait partout des fleurs sur mon passage...
» Moi, je jetais ces fleurs à la rosière sage,
» Aux riches mes accens, aux pauvres l'or des rois.

» Mais lasse de la vie et de ses dons célèbres,
» J'ai renversé du pied son vase plein de fiel ;
» Et ma voix s'est éteinte au milieu des ténèbres,
» Et sur les flots d'encens des oraisons funèbres
» Je viens de monter jusqu'au ciel.

« Ouvrez-moi, je serai votre esclave fidèle... »
Et l'on vit s'entr'ouvrir une porte des cieux ;
Et le monde entendit une voix solennelle
Dire avec les échos : « Quand on est immortelle
» On a droit de trôner dans le palais des Dieux... »

LA GIRONDAISE.

LA GIRONDAISE.

D'autres, ô France, ô ma patrie,
Ont chanté, dans des vers heureux,
Ta verdoyante Normandie
Et ta Bretagne au sol pierreux.
Ils ont chanté les Pyrénées,
Avec leurs glaciers, leurs vallons,
Et tes campagnes fortunées,
Provence, et tes bleus horizons.
Mais toi, Gironde,
Terre féconde,
Qui redira l'attrait de ton séjour?
Pour rendre hommage à ta beauté de fée,
Il faudrait le luth d'un Orphée;
Nous, tes enfans, n'avons qu'un chant d'amour.

Vantez les bords fleuris du Rhône,
La Loire aux gothiques châteaux;
Dans les flots blonds de la Garonne
S'avivent nos rians côteaux.

A nous le commerce de l'onde !
A nous les produits et les arts !
Nos vaisseaux vont au bout du monde ,
Nos vins ont enivré les czars.
O ma Gironde ,
Terre féconde ,
Qui redira l'attrait de ton séjour ?
Pour rendre hommage à ta beauté de fée ,
Il faudrait le luth d'un Orphée ;
Nous , tes enfans , n'avons qu'un chant d'amour.

Evoquerons-nous les fantômes
De nos savans , de nos guerriers ?
Quelle contrée à ses grands hommes
Doit plus d'encens et de lauriers ?
Berquin , Faucher, Montaigne , Ausone ;
Girondins , aux sanglans tombeaux ,
Debout! — Quelle histoire résonne
De noms plus grands , de faits plus beaux ?...
O ma Gironde ,
Terre féconde ,
Qui redira l'attrait de ton séjour !
Pour rendre hommage à ta beauté de fée ,
Il faudrait le luth d'un Orphée ;
Nous, tes enfans, n'avons qu'un chant d'amour.

Que de lieux chers à la mémoire !
Je vois d'ici le champ-d'honneur
Où , dans l'aurore de sa gloire ,

Le preux Béarnais fut vainqueur !
Fronsac, ruine toujours belle,
Où revit encor Richelieu,
Et La-Brède, où plane, immortelle,
La grande ombre de Montesquieu !
O ma Gironde,
Terre féconde,
Qui redira l'attrait de ton séjour ?
Pour rendre hommage à ta beauté de fée,
Il faudrait le luth d'un Orphée ;
Nous, tes enfans, n'avons qu'un chant d'amour.

De vos pays vantez les belles,
Poètes des brumeux climats :
— Teint brun, longs cils, vives prunelles,
Des nôtres voilà les appas.
Et pour que tout rende les armes,
A leur pouvoir dominateur,
Deux trésors sont joints à leurs charmes :
L'esprit et la bonté du cœur.
O ma Gironde,
Terre féconde,
Qui redira l'attrait de ton séjour ?
Pour rendre hommage à ta beauté de fée,
Il faudrait le luth d'un Orphée ;
Et tes enfans n'ont que ce chant d'amour.

TABLE.

PARIS. — IMPRIMÉ PAR E. BRIÈRE, RUE SAINTE-ANNE, 55.

Paris. — Imprimerie de E. BRIÈRE, rue Sainte-Anne, 55.

www.ingramcontent.com/pod-product-compliance
Ingram Content Group UK Ltd.
Pitfield, Milton Keynes, MK11 3LW, UK
UKHW021112290826
14628UKWH00014B/1603

9 782019 703455